TÉRMINOS Y CONDICIONES

Aviso Legal

El editor se ha esforzado por ser lo más exacto y completo posible en la creación de este libro, a pesar del hecho de que no garantiza ni declara en ningún momento que los contenidos incluidos sean precisos debido a la naturaleza rápidamente cambiante de Internet.

Si bien se han hecho todos los intentos para verificar la información proporcionada en esta publicación, el editor no asume ninguna responsabilidad por errores, omisiones o interpretación contraria del tema en este documento. Cualquier desaire percibido de personas, pueblos u organizaciones específicas no es intencional.

En los libros de consejos prácticos, como en cualquier otra cosa en la vida, no hay garantías de ingresos. Se advierte a los lectores que respondan según su propio juicio sobre sus circunstancias individuales para actuar en consecuencia.

Este libro no está destinado a ser utilizado como fuente de asesoramiento legal, comercial, contable o financiero. Se aconseja a todos los lectores que busquen los servicios de profesionales competentes en los campos legal, comercial, contable y financiero.

TABLA DE CONTENIDO

Conclusión

INTRODUCCION

¿**A**lguna vez te has sentido deprimido, estresado o ansioso? Millones de estadounidenses luchan contra el estrés, la ansiedad o los problemas del estado de ánimo. Pueden desgastar y desgarrar su cuerpo y hacer que se sienta cansado, agotado y vacío por dentro.

Con el tiempo, el estrés y la ansiedad pueden acumularse y hacer que usted sea menos productivo, ansioso, tenso e incluso infeliz. El mal humor puede volverlo irritable, impaciente y dañar sus relaciones. Puede que le resulte difícil concentrarse, mantenerse motivado o realizar tareas.

Su estado de ánimo y su bienestar mental afectan cada aspecto de su vida para bien o para mal. Mientras que los malos sentimientos pueden afectar negativamente sus actividades, relaciones y trabajo. Un estado de ánimo feliz y equilibrado le brinda las herramientas que necesita para tener éxito y disfrutar de la vida.

Obtener y mantener un estado de ánimo positivo puede ser difícil. Hasta hace poco, había pocas opciones para quienes buscaban mejorar su estado de ánimo. Algunas personas sugieren ejercicio, rutinas de respiración o dietas cuidadosas.

"Simplifica y elimina el estrés

*Cambia tus hábitos para reducir
el estrés y ser más feliz"*

CAPÍTULO 1:

Los Básicos

¿Es posible existir sin estrés? ¡No! Pensar en el estrés en términos de "derrotar" es golpear a la bestia con el palo equivocado. El estrés se maneja con frecuencia como un invitado no deseado. Dejemos las cosas claras. El estrés es una parte inseparable de la vida.

En ocasiones, simplificar puede resultar abrumador. La suma de cosas que tienes en tu vida y la suma de cosas que tienes que hacer pueden ser una montaña demasiado grande para emprender.

Sin embargo, no tiene que simplificarlo todo a la vez. Haga un asunto a la vez y dé pequeños pasos. Llegarás allí y te divertirás haciéndolo.
De hecho, hoy puede hacer cosas pequeñas pero importantes para comenzar a vivir una vida sencilla.

¿Es posible existir sin estrés? ¡No! Pensar en el estrés en términos de "derrotar" es golpear a la bestia con el palo equivocado. El estrés se maneja con frecuencia como un invitado no deseado. Dejemos las cosas claras. El estrés es una parte inseparable de la vida. El estrés es lo que te impulsa. El estrés te da ese impulso y motivación cuando, por ejemplo, te estás preparando para un examen importante, o estás trabajando en un proyecto vital, o vas a dar una presentación importante o te estás preparando para aparecer en una entrevista de trabajo.

El estrés, por sí solo, no es malo. Se vuelve bueno o malo dependiendo de cómo lo perciba y cuán adecuado cree que es para enfrentarlo. Enfrentar el estrés es una habilidad y un arte. Si prefiere vivir una vida feliz y productiva, debe aprender a sobrellevarla.

Hechos Sobre El Estrés

El estrés es energía: si no lo procesas correctamente, te devorará. Hacer frente al estrés es una ciencia. Cualquiera que prefiera vivir una vida feliz y rica debe aprenderlo. Vale la pena dedicar algo de tiempo y esfuerzo a controlar algo que tiene tantas consecuencias importantes para el tono de nuestras vidas.

Acompáñame en este viaje energizante, que puede traer una modificación en tu vida, y determina cómo tú también puedes hacer tu vida libre de estrés o con mucho menos estrés.

¡Empecemos!

¿Cómo es que ocurre el estrés?

La tensión es una parte inevitable de la vida. Su estrés puede desarrollarse a partir de cualquiera de las siguientes tres emociones:

1.   Frustración: es un estado de insatisfacción que surge de necesidades no realizadas o problemas no resueltos. Se caracteriza por sentimientos de tensión o ansiedad. Por ejemplo, puede sentirse frustrado debido a la promoción tan merecida que no obtuvo, un desacuerdo con su jefe, una deuda acumulada o algo tan simple como llegar tarde a la oficina. Aparte de las circunstancias externas, las frustraciones pueden deberse a algunos rasgos de personalidad, como expectativas poco realistas, falta de voluntad para cambiar, tal vez sea o falta de logros.

2.   Conflictos: esta es una circunstancia en la que se encuentra atrapado entre deseos adecuados pero incompatibles. Por ejemplo, desea un avance en el lugar de trabajo, pero no está dispuesto a trasladarse a una ciudad nueva y fresca; desea un ático, pero debe deshacerse de otros lujos que es capaz de saborear ahora mismo.

3. Presión: este es el requisito que el negocio de la vida te afecta y definitivamente es inevitable. El trabajo requiere más tiempo, niños necesita más dinero y su esposa necesita más atención. Suena familiar ¿no?

Un gran porcentaje de nuestro uso de energía proviene del gas que utilizamos para conducir nuestros automóviles. Con los precios de la gasolina aumentando cada día, conducir es costoso no solo en términos de utilización de energía, sino también en el presupuesto personal y familiar.

Andar en bicicleta es una alternativa simple y saludable a la conducción y puede ayudar a ahorrar energía, lo que no solo mejora el problema de uso de energía de nuestro país, sino que también puede ayudarlo a mantener sus ingresos en el trato.

Decida qué mandados realiza cerca de casa. Muchos de nuestros recados diarios ocurren dentro de un par de millas para asuntos como compras en el supermercado, limpieza en seco y operaciones bancarias. Puede realizar fácilmente estos recados andando en bicicleta en lugar de utilizar un automóvil, lo que preservará la energía y agregará un poco de aire fresco y esfuerzo físico a su vida.

Podrías ir en bicicleta al trabajo. Si vive dentro de una distancia en bicicleta de su línea de trabajo, las ventajas pueden ser enormes. Puede evitar la tensión de los desplazamientos en las autopistas y brindar una buena oportunidad para mejorar su salud. Es más, el estadounidense promedio gasta $ 3,000 al año para conducir y mantener su auto. Puede ahorrar en estos gastos yendo en bicicleta a su trabajo.

Anime a sus pequeños alevines a andar en bicicleta. En lugar de conducirlos a donde necesiten ir, déjelos pedalear allí. Puede ir con ellos para garantizar que permanezcan seguros y viajar a casa con ellos cuando terminen. Esto funciona particularmente bien en referencia a los viajes diarios a la escuela y les ayuda a quemar el exceso de energía en el camino a casa.

Busque carriles bici locales y rutas panorámicas en su área. Las bicicletas pueden ingresar a parques y espacios adicionales que los automóviles no pueden ingresar. Al utilizarlos como parte de su viaje al trabajo o para hacer mandados, puede reducir sustancialmente el tiempo de viaje.

Utilice el ciclismo junto con los sistemas de transporte público. Los servicios de metro, autobús y tren son una realidad en muchas grandes ciudades, pero incluso las mejores no te llevarán al cien por cien hasta tu puerta. Una bicicleta puede hacer que el último tramo de su viaje sea más rápido, y muchos servicios de transporte público tienen comodidades para que los ciclistas (como soportes en los autobuses) lo ayuden.

CAPÍTULO 2:

Por Qué Nos Estresamos

Las principales razones de estrés y depresión en nuestras sociedades son las siguientes: dinero, estrés en el trabajo, sobrecarga de información y estrés en las relaciones.

Las Causas

Las tres razones principales de estrés y depresión en nuestras sociedades son las siguientes:

1.	Problemas de dinero - Sin duda alguna; Este es el problema principal que nos consume a casi todos en una etapa u otra de nuestras vidas. Sus deseos son acariciados por anuncios atractivos, fácil acceso y una exhibición descarada por parte de otras personas. ¿Dónde están los medios para arrebatar todo lo que el corazón desea? La consecuencia: aumento de la deuda, tarjetas de crédito descubiertas, demandas y angustias.

2.	Estrés en su lugar de trabajo: no está satisfecho con las condiciones de su lugar de trabajo y están lejos de ser ideales.
La competencia es extremadamente dura y las expectativas son altas. Junto con todo eso, el precio de la vida aumenta día a día. El estrés y la ansiedad en el lugar de trabajo son motivos importantes de preocupación.

3. Estrés en las relaciones: este es el tipo de tensión que sigue a los humanos por todas partes y siempre está presente en nuestra vida de una forma u otra. Hoy en día, una vida rápida y unos valores y una moral que cambian más rápidamente hacen que sea aún más difícil lidiar con el estrés diario.

Signos y síntomas del estrés: consecuencias para su salud

1.	Síntomas físicos: dolor de cabeza, dolor de espalda, mareos, hipertensión, resfriados frecuentes, erupciones cutáneas, picazón, temblores, acidez estomacal, etc.

2.	Síntomas psicológicos: tensión, ansiedad, insomnio, dificultad para tomar decisiones, inseguridades, falta de concentración o la sensación de que no vales nada.

3.	Síntomas de comportamiento: retraimiento social, uso irrazonable de alcohol, consumo de drogas, juegos de azar, falta de interacción social, ignorar la apariencia o ignorar si es puntual o no.

Si bien unas pocas personas pueden simplemente manejar las demandas que se les dirigen, es más probable que otras personas se derrumben bajo la presión.

¿Cuáles son las cinéticas involucradas que le permiten a un grupo recuperarse a través de la angustia emocional, mientras que el otro grupo se hunde cuando el estrés entra en su vida? Al buscar cómo el estrés y la tensión afectan el bienestar de uno, exploraremos numerosas vías y técnicas sobre cómo aliviar el estrés y la tensión. Además, hablaremos sobre cómo romper con el ciclo de la conducta inducida por el estrés; y establecer que el estrés, aunque esté constantemente presente, se puede contener y abordar.

Estrés y resiliencia:

Las personas que se encuentran con situaciones estresantes las manejan de diferentes maneras. Si bien algunas personas pueden descartarlo y progresar en la vida, sin ser tocadas, otras personas se consumen totalmente por sus síntomas. La resiliencia es la técnica de adaptación en presencia de amenazas, e incluso la buena noticia es que se puede aprender. La mayoría de las personas muestran resiliencia ante los factores estresantes.

Ser resiliente no significa que no sienta estrés. El dolor, la ansiedad y la angustia emocional son hechos imperecederos de la vida: no se pueden evitar. El truco consiste en vencerlo y encontrar placer y felicidad en la vida. Puedes aprender Resiliencia: cualquiera puede. Hay algunos elementos cruciales que influyen en la construcción de una persona resiliente.

A continuación, se presentan algunos de esos factores:

Relaciones de apoyo: parece ser el factor más crucial: tener relaciones de amor y apoyo lo ayuda a desarrollar la resiliencia frente a las dificultades. Las relaciones que ofrecen amor, confianza y aliento aumentan su capacidad de recuperación.

Tomar medidas críticas: ayuda mucho si se fija metas y toma medidas basadas en un plan realista. Si está acostumbrado a simplemente responder a las situaciones y no puede mirar más allá de la posición estresante que enfrenta, definitivamente agregará factores estresantes a su vida.

Pensar positivamente: un individuo resiliente busca oportunidades en las dificultades. Anticípese a un resultado favorable y tome medidas concretas para alcanzar el resultado deseado. Si no puede hacer nada, espere y ore por el resultado positivo. La preocupación y el alboroto te desgastan y reducen tu capacidad de lucha, además de volverte aburrido, indeciso y poco atractivo.

Comunicación eficaz: ser capaz de comunicarse con claridad, sin preocupaciones ni inhibiciones, ser capaz de expresar sus opiniones de manera adecuada, dejar que otras personas reconozcan sus expectativas, esto es muy crucial para poder sobrevivir a situaciones difíciles.

Contener y manejar las emociones: Ser capaz de conocer todas sus emociones, reconociendo cuándo tolerar el estrés y cuándo reprimirse. En esencia, conocerse mejor a sí mismo es un requisito para ser un individuo resistente.

Es probable que haya un televisor en su hogar sin el que sienta que no puede vivir. Muchas personas encienden la televisión todos los días sin falta y, en algunos casos, miran la programación hora tras hora. Apagar el televisor puede tener algunas ventajas. Hay formas de liberarse del televisor y dedicar más tiempo a otros intereses más productivos.

Grabe sus programas preferidos. En lugar de sentarse a ver anuncios, la grabación le brinda la alternativa de omitirlos todos. Además, si el programa es atroz en primer lugar, puede avanzar rápidamente para ver si va a mejorar, en lugar de tener que sentarse y esperar todo el espectáculo.

Piense para ver si los programas valen la pena, o si simplemente está mirando por tedio. Durante una semana, adelanta el autocontrol para dejar de ver los programas que ves con regularidad. Lo sabrás en el final de la semana qué programas se van a seguir viendo y qué programas no fueron lo suficientemente importantes como para volver a verlos. Lo más probable es que tenga al menos uno o dos programas para eliminar de su horario de visualización por semana.

Descubra un pasatiempo nuevo. Si hay algo que le apasiona hacer, es probable que esté dispuesto a apagar la televisión en favor de trabajar en ese pasatiempo.

Programe citas con otras personas para momentos en los que normalmente está viendo televisión. Ya sea que tenga una noche de compañerismo en casa o vaya a una cena semanal con conocidos, es menos probable que esté frente al televisor si hay otro lugar donde estar y un compromiso que ha hecho con otros. Piense en inscribirse en una clase de ejercicios o en un tipo diferente de curso que se asegurará de mantenerlo fuera de casa.

Sal y haz ejercicio. Las ventajas de la salud, la posible pérdida de peso y la actividad física superan con creces el estar sentado frente al televisor. Adopte una rutina de ejercicios durante el tiempo en que normalmente estaría viendo programas de televisión. El ejercicio puede ser bastante adictivo; es posible que termine involucrándose tanto que la televisión se convierta en un segundo remoto cuando se trata de elegir algo que hacer.

Ver demasiada televisión puede hacerte sentir un poco con muerte cerebral, dice un nuevo estudio y también puede quitarle años de vida.

Cuanto más tiempo pasa viendo televisión, mayor es su riesgo de morir a una edad más temprana, en particular por afecciones cardíacas, encontraron los investigadores.

El área temática siguió a 8.800 adultos sin antecedentes de afecciones cardíacas durante más de 6 años. En comparación con los que veían menos de 2 horas de televisión al día, los habitantes que veían 4 horas o más tenían un ochenta por ciento más de probabilidades de morir de afecciones cardíacas y un cuarenta y seis por ciento más de probabilidades de morir por cualquier causa. En total, 284 personas murieron durante el estudio.

Cada hora extra que pasaba frente al televisor aumentaba el riesgo de morir por afecciones cardíacas en un dieciocho por ciento y el riesgo total de muerte en un once por ciento.

CAPÍTULO 3:

Afrontar Y Simplificar

Voy a identificar algunos de los principales métodos que le ayudarán a desarrollar resiliencia y afrontar el estrés.

Hay métodos que alguien puede aplicar para evitar la reacción física y mental al estrés. También hay herramientas que las personas pueden aplicar para aliviar la angustia y aumentar su bienestar general.

Con el estallido de preocupación en la comida local, los consumidores ahora tienen muchas opciones de productos, etiquetas y formas de comprar, por lo que muchas personas se preguntan por dónde empezar. La elección de alimentos puede ser abrumadora y alterar dónde y cómo compramos puede ser estresante. Por otro lado, las ventajas de comprar local pueden ser capitales.

Cambiando Las Cosas

Voy a identificar algunos de los principales métodos que le ayudarán a desarrollar resiliencia y afrontar el estrés. Hay métodos que alguien puede aplicar para evitar la reacción física y mental al estrés. También hay herramientas que las personas pueden aplicar para aliviar la angustia y aumentar su bienestar general.

Los métodos mencionados aquí se pueden dividir en dos categorías, como sigue:

1. Métodos de relajación y autohipnosis.

2. Sobrellevar el estrés

   ➢ Ejercicio

   ➢ Música

   ➢ Meditación

   ➢ Masaje

La autoestima es un factor crucial para vencer el estrés. Determinar que eres capaz de afrontar y vencer los factores estresantes de la vida es un buen comienzo para desarrollar la autoestima. Además, una parte crucial de la autoestima es creer que eres digno de amor y felicidad.

Signos de baja autoestima:

Repase la siguiente lista y considere cuántos de ellos reflejan sus propios pensamientos.

   ➢ No me gusto a mí mismo.

   ➢ No merezco el amor.

   ➢ Me pasa algo.

➤ No soy digno del respeto de otras personas.

➤ Es difícil para mí hacer contacto visual con otras personas.

➤ Me siento profundamente angustiado cuando otras personas me critican.

¿Alguno de estos te suena? ¿Más de uno sonaba como tu personalidad? En caso afirmativo, debe tomar algunas medidas concretas para mejorar su autoestima.

Por qué la baja autoestima aumenta los niveles de estrés en su vida:

La baja autoestima aumenta los niveles de estrés en su vida debido a dos razones:

1. Constantemente te estás midiendo negativamente. No te permites abrirte a la felicidad debido a un continuo diálogo interno perjudicial.

2. Estás constantemente preocupado por lo que los demás piensan de ti y haces todo lo posible para lograr su aceptación y aprobación.

Confianza vs. Autoestima: ¡Son diferentes!

La autoestima es diferente de la confianza en uno mismo de muchas maneras. Puede que tenga mucho éxito en la carrera que eligió y, sin embargo, aún se siente terrible. Necesitas ser capaz de amarte a ti mismo para experimentar la felicidad. Varias personas exitosas son miserables de corazón y tienen una autoestima terrible. La baja autoestima hace que sea más fácil para otras personas manipularlo y también lo hace terriblemente inseguro de sus propios sentimientos y opiniones.

¿Qué puede hacer para mejorar su autoestima?

Ahora, debe ser obvio para usted por qué es importante trabajar en su autoestima. Sin una alta autoestima, serás una persona infeliz incluso si has logrado el éxito material. La baja autoestima hace que sea extremadamente difícil para ti tener éxito en cualquier esfuerzo: al ser tu propio peor enemigo, estarás colocando obstáculos perpetuamente en tu propio camino.

A continuación, se enumeran algunas de las cosas que debe hacer para mejorar su autoestima:

1.   Deja de criticarte. Aprenda a no condenarse a sí mismo por los pequeños deslices que todos somos propensos a cometer en nuestras vidas. Tienes que aceptar los errores como una parte necesaria de la vida.

2.   Felicítese a sí mismo cuando haga algo grandioso. Sea demasiado generoso en sus elogios, pero es fundamental ser honesto.

3.   Siempre que emprenda alguna actividad, visualícese teniendo éxito en ella.

Métodos de relajación: física y mental

Es normal experimentar estrés de vez en cuando. La realidad es que la vida está llena de estrés. De hecho, algo de estrés es saludable: todos necesitamos un poco de estrés en nuestras vidas, le da sabor a la vida. Motiva a realizar las tareas más abrumadoras. ¿Puede el estrés ser una herramienta positiva? La respuesta es un sí definitivo. Imagina que tienes una fecha límite que cumplir; mientras tú los niveles de tensión se elevan, encuentras la fuerza dentro de ti para completar la tarea a tiempo.

El estrés lo ayuda a estar más centrado y, en algunos casos, aumenta su fuerza cuando está en una posición presionada. Quizás haya descubierto que es capaz de pensar con más claridad cuando intenta cumplir con ese plazo. Sí, el estrés puede estimular el cerebro y agudizar el desempeño. Es obvio que el estrés es un componente necesario que se utiliza para despejar ocasionalmente el desorden de su mente. Cuando se lo aborda de manera positiva, el estrés puede ayudarlo a evolucionar dejando de lado los pensamientos no deseados.
Ayuda a mantener bajos los niveles de estrés

Si bien es inevitable que experimente estrés en todos los ámbitos de la vida, es importante aprender métodos de relajación y manejo del estrés para controlar el estrés y canalizarlo en su propio beneficio, en lugar de empantanarse con él. Discutiremos los métodos de manejo del estrés en la siguiente sección.

Aquí identificaremos qué es la relajación muscular progresiva. La relajación muscular progresiva es una actividad física sencilla que le ayudará a mantener la calma en todo momento.

Ventajas de la relajación

➢ Energía adicional.

➢ Mente limpia.

➢ Toma de decisiones mejorada.

➢ Claridad mental.

➢ Mejor control de tu vida.

Cuatro pasos para la relajación muscular progresiva

Busque un lugar tranquilo y silencioso donde no lo interrumpan durante los próximos cinco a diez minutos. Use ropa cómoda. Puede ensayar este ejercicio sentado en una silla. Puedes ensayarlo acostado, pero hay posibilidades de que te duermas. Aflojas tu cuerpo relajando diferentes músculos del cuerpo. Los músculos primero se tensan, se mantienen en esa posición y luego se relajan.

Este método se practica de la siguiente manera:

1. Empiezas por los pies y poco a poco avanzas hacia tu cabeza, tensando y relajando todos los músculos a medida que subes.

2. Mientras inhala, tense el grupo de músculos en el que está trabajando. Mantenga la tensión durante ocho segundos. Sienta esta tensión. Después de ocho segundos, exhale y relaje ese grupo de músculos. Sienta una sensación de calma que envuelve esos músculos.

3. Empiece con el pie derecho. Luego relaje la pierna derecha. Ahora, pase al pie izquierdo, pierna izquierda, mano derecha, antebrazo derecho, mano izquierda y antebrazo izquierdo, tensando y relajando los grupos musculares. Ahora repita el método de tensión y relajación con abdomen, pecho, luego cuello y hombros. Ahora, relaje los músculos faciales; y al final tu cabeza.

4.   Respire hondo un par de veces. Siente la relajación que recorre todo tu cuerpo. Cuente hasta 5. Levántese lentamente. Con algo de práctica, el PMR le dará una rica sensación de relajación. Luego, puede practicarlo en cualquier momento en que sienta que el estrés lo abruma y obtener una relajación rápida.

Auto hipnosis: el camino hacia el dominio del estrés:

¿Qué es la autohipnosis?

La autohipnosis es un método a través del cual puede comunicarse con su subconsciente. Obtener la ayuda de su subconsciente minimiza la posibilidad de autosabotaje de conductas e ideas. Puede lograr los cambios deseados en su pensamiento con la autohipnosis. Este método es extremadamente eficaz para reducir los niveles de tensión y provocar la relajación.

La autohipnosis es un proceso de tres pasos:

1. Llegas a un estado de ánimo tranquilo.

2.   Dejas a un lado tu mente crítica y crítica por el momento. En ese estado, su mente consciente puede comunicarse con la mente subconsciente.

3.   Te das sugerencias para lograr cambios favorables. Dado que el juicio crítico se deja de lado por el momento, este método es extremadamente poderoso para producir cambios favorables en uno mismo.
 Cuando sabes que lo que estás sugiriendo es beneficioso para tu bienestar, lo mismo es aceptado por la mente sin reservas.

Beneficios de la autohipnosis

➢ La autohipnosis es extremadamente eficaz en las siguientes áreas.

➢ Depresión y ansiedad.

➢ Dependencias y hábitos no deseados.

➢ Sueño interrumpido.

➢ Baja autoestima.

Tres pasos para la relajación mediante la autohipnosis

1. Encuentra un lugar donde puedas relajarte y estar seguro de que no te interrumpirán durante los próximos diez a quince minutos.

2. Cierra los ojos y relájate. Esto se puede hacer respirando profundamente. Piense que todo su estrés está fluyendo fuera de su cuerpo y se siente mucho más a gusto. Céntrese en la relajación que envuelve todas las partes de su cuerpo.

3. Ahora estás en un estado de ánimo receptivo. Comience a repetir algunas afirmaciones positivas, que debería haber preparado con anticipación. Concéntrese completamente en su voz y el sentido de esas declaraciones. Estos pueden ser tan fáciles como sugerirle a su mente que se sentirá profundamente relajado cuando repita alguna palabra u oración específica. comportamiento.

Existen innumerables razones por las que comprar alimentos locales es gratificante y delicioso, incluido saborear el sabor de los alimentos frescos, mejorar la salud y la nutrición, la protección del medio ambiente, el apoyo para granjas familiares y zonas rurales residenciales, y garantizar el bienestar de los animales.

También hay una tranquilidad sustancial al saber de dónde proviene nuestra comida. Una de las mayores ventajas de comprar alimentos a nivel local es tener a alguien que responda preguntas sobre cómo se cultivaron y criaron. ¿Qué hay en esa barra de pan? ¿Podemos estar seguros de que el cerdo que ahora es tocino vivió una vida sin sufrir? ¿Cómo reconocemos que esos jalapeños no tienen salmonella?

Construir un parentesco con los agricultores locales nos da una "entrada" en nuestro plan de alimentos local. En los mercados de agricultores podemos obtener respuestas a preguntas como: ¿Cuándo entran los tomates en temporada? ¿Cómo puedo utilizar apio nabo? Con frecuencia, podemos hacer un recorrido por la finca de donde proviene nuestra comida. Algunos agricultores están encantados de compartir sus conocimientos y experiencias con sus compradores.

Infórmese sobre los desafíos que enfrentan sus agricultores locales y qué están haciendo para manejarlos. No tiene por qué ser complicado. ¡Pregunte por el clima! Cualquier agricultor se enorgullecerá de hablar sobre cómo va la temporada de cultivo y cómo afecta eso a los alimentos que desarrollan. Conocer a los agricultores locales puede contribuir en gran medida a simplificar la compra local.

Otra causa importante para comprar productos locales es mantener las millas de alimentos a un límite más bajo. Las "millas de alimentos" se refieren a la distancia que recorre un alimento desde la granja hasta su casa.

Las millas de comida para detalles en la comida son, en promedio, veintisiete veces más altas que las millas de alimentos para bienes comprados de fuentes locales.

En los Estados Unidos, los productos del mercado de alimentos promedio se mueven casi 1,500 millas entre la granja donde se cultivaron y su nevera. Aproximadamente el 40% de nuestra fruta se produce en el extranjero y, aunque el brócoli se cultiva en todo el país, el brócoli que compramos en el supermercado viaja un promedio de 1,800 millas para llegar a ese lugar. En particular, el 9 por ciento de nuestra carne roja proviene de países extranjeros, algunos tan lejanos como Australia y Nueva Zelanda.

Nuestra comida se transporta en camiones por todo el país, se arrastra en barcos cargueros por los mares y se vaporiza en todo el mundo. Se quema una enorme cantidad de combustible fósil para transportar alimentos a distancias tan largas, liberando CO_2, dióxido de azufre, material particulado y contaminantes adicionales que contribuyen al cambio climático global, precipitación ácida, smog y contaminación del aire y el mar.

La refrigeración exigida para evitar que nuestras frutas, verduras, productos lácteos y carnes se echen a perder en sus largos viajes quemen aún más combustible fósil. Por el contrario, los planes alimentarios locales y regionales generan diecisiete veces menos CO2.

CAPÍTULO 4:

Muévanse

Importancia de la actividad física en el manejo del estrés. En estos días, la vida está ajetreada: con fechas límite, reuniones y tráfico, es difícil encontrar tiempo para su propio cuidado. Empiezas a ignorar tu cuerpo y, poco a poco, empiezan a aparecer signos de estrés en tu cuerpo.

Levántate

Importancia de la actividad física en el manejo del estrés

En estos días, la vida está ajetreada: con fechas límite, reuniones y tráfico, es difícil encontrar tiempo para su propio cuidado. Empiezas a ignorar tu cuerpo y, poco a poco, empiezan a aparecer signos de estrés en tu cuerpo.

Se vuelve de suma importancia deshacer el daño y estar preparado para enfrentar las consecuencias. Hacer actividad física durante veinte y treinta minutos al día podría deshacer varios de los efectos adversos del estrés. La actividad física diaria no solo te hace lucir y sentirte bien e incluso perder algunos kilos de más. También puede hacer que su vida sea menos difícil.

Hacer ejercicio físico puede disminuir la ansiedad hasta en un 50%. Suponga que la mitad de la tensión se ha ido solo porque salió a correr por la mañana. Si bien un entrenamiento no puede eliminar todos los asuntos con los que debe lidiar, puede ayudarlo a enfrentar mejor su estrés.

Estas son algunas de las varias razones por las que la actividad física es excelente para disminuir la tensión y las preocupaciones.

1. La actividad física mejora tu estado de ánimo: el ejercicio físico aporta sustancias químicas que te hacen sentir más feliz y listo para afrontar el día. También aumenta el flujo sanguíneo al cerebro; promoviendo esta sensación de placer y energía. Cuanto mejor se sienta acerca de la vida, menos estrés lo agobiará.

2. La actividad física genera energía adicional: el estrés te hace sentir agotado y agotado durante el día. Si hace ejercicio por la mañana, obtendrá un excelente impulso de energía para mantenerse activo a última hora de la mañana y de la tarde. Puede experimentar agotamiento durante las primeras semanas de actividad física, pero sea implacable y la energía llegará.

3. La actividad física te ayuda a dormir: no hay nada que disminuya el estrés más que una buena noche de sueño. El sueño no solo recarga los músculos tensos y doloridos; también refresca su mente y le ayuda a procesar la información del día. Dormir más y de mejor calidad de forma regular le ayudará a afrontar los desafíos de la vida diaria.

4. La actividad física da tiempo para pensar: gran parte del estrés que enfrentamos proviene de nuestra propia mente. En lugar de trabajar y solucionar problemas, nos preocupamos por ellos día tras día. La actividad física te da tiempo a solas para concentrarte en tus pensamientos y despejar tu mente sin un montón de distracciones. De esa manera, después de su entrenamiento, podrá ponerse a trabajar para solucionar un problema en lugar de preocuparse por él.

Encontrar los ejercicios adecuados:

Si no puede hacer un entrenamiento aeróbico, o simplemente no cree que sea suficiente; intente hacer yoga, estirarse o trotar. Estas actividades son excelentes para calmar los músculos doloridos y tensos, despejar la mente y relajarlo. Además, si no tiene tiempo libre por la mañana, estos ejercicios pueden ser hecho por la noche sin impedirle dormir (es probable que incluso le ayuden).

Puede usar Internet o simplemente buscar un libro o tomar una clase que le muestre posiciones o ejercicios que sean fáciles para usted. Debería poder encontrar poses y movimientos que estén asociados específicamente con la reducción del estrés y la relajación. Así que diseñe un plan y comience una rutina de ejercicios regular. Si lo cumple, comenzará a sentirse menos estresado, menos nervioso y más a gusto muy rápido.

CAPÍTULO 5:

Más Consejos Para Simplificar

L a meditación, la respiración y la música también ayudan a aliviar el estrés.

¿Te gusta adquirir cosas gratis? ¿También te gusta regalar cosas? ¿Le gustaría mantener las cosas fuera de los vertederos? Bueno, no estás solo. Hay una manera fantástica de conseguir y regalar cosas gratis. Se llama Freecycle

Hazlo Simple

La meditación te da el equilibrio de la mente

La armonía de la mente se interrumpe en momentos de estrés. Ya sea que se trate de estrés relacionado con su lugar de trabajo, se deba a problemas de dinero o se deba a otras razones, comienza a volverse cada vez más irritable. Si los tiempos estresantes continúan durante un período prolongado, incluso podría caer en una depresión clínica.

La meditación es el antídoto perfecto para las toxinas conocidas como tensión y preocupaciones. Relaja tu mente y te da claridad emocional y mental. Si se usa durante un período prolongado, la meditación contribuye a una mejor conciencia de sí mismo. Cuando se encuentre en una situación estresante o comience a sentir esa leve sensación de ansiedad en la boca del estómago recorriendo su sistema, intente lo siguiente.

Una meditación fácil para la paz interior: contar la respiración:

Elija una habitación que sea tranquila y cómoda. Siéntese cómodamente con la cabeza, el cuello y la espalda derechos. Deje de lado todas las ideas dañinas y céntrese en el ahora. Cierra tus ojos. Concéntrese en su respiración mientras el aire entra y sale. Si descubre pensamientos que invaden su mente, trate de no dejar que le distraigan de su respiración. Sigue en calma y centrado. Ahora, cuando exhale, comience a contar desde '1'. Luego cuente '2' para la próxima respiración. Cuente '3' para la tercera respiración y '4' para la cuarta. Con la quinta respiración, comience de nuevo con '1'. Continuar hasta el '4'. Luego comience de nuevo desde el '1'. No es necesario que adhiera el número cuatro, puede ser cinco o seis o incluso siete. En cualquier caso, el número no debería superar los diez. Puede causar confusión mental al principio y podría ser una carga adicional para su mente. Cuatro es perfectas para empezar.

A lo largo de esta meditación, no pienses en nada más que en tu respiración y en el conteo. Puede utilizar este ejercicio para descomprimir. Muchas veces, se encontrará en una posición estresante en el trabajo, molesto por las payasadas de un colega o sintiéndose superado por su vida como un todo. Tienes que descubrir formas de relajarte.

Empiece a meditar para relajarse y dormir:

Si puede realizar algún ejercicio de meditación en el día a día; ya sea antes de acostarse o en algún momento del día (incluso puede usar ejercicios de respiración en el trabajo), asegúrese de tomarse un tiempo para experimentar la liberación del estrés y dar la bienvenida a una calma interior.

Use música para reducir el estrés:

La música es un sanador. Instintivamente recurrimos a la música para relajarnos y crear un entorno favorable. La música delicada y relajante hace mucho por nuestros nervios agotados. Elimina el cansancio de un día ajetreado.

La musicoterapia como ciencia curativa está ganando popularidad. Considere lo siguiente para comprender por qué la música está atrayendo la atención de los curanderos de todo el mundo.

1. La música te ayuda a dormir mejor: en un estudio de personas mayores con problemas relacionados con el sueño, se informó que escuchar música clásica y new age ayudó al 96% de ellos a dormir mejor.

2. La música es útil para el manejo del dolor: los investigadores japoneses encontraron que la música ayudaba a reducir el dolor en un grupo de control, que escuchaba música durante las condiciones que causaban dolor. La música se puede utilizar de forma eficaz en el tratamiento del dolor.

3.   La música reduce la ansiedad quirúrgica: en un estudio realizado en un hospital, los pacientes que escucharon la música de su elección en un área de espera quirúrgica tenían niveles disminuidos de ansiedad antes, durante y después de la cirugía. También ayudó a mantener baja la presión arterial antes de la cirugía.

4.   La música ayuda a reducir la depresión: es evidente que la música puede mejorar el estado de ánimo y levantar el ánimo. Ahora, los psicólogos han descubierto que administrar musicoterapia a pacientes con depresión clínica, junto con el tratamiento estándar, ayuda a reducir los síntomas de la depresión clínica más rápidamente.

¡La música está en nuestra sangre!

Está familiarizado con la música para relajarse desde su niñez. Cuando era niño, su primer encuentro con la música fue la canción de cuna de la madre.

Cómo la canción de cuna de la madre consuela la irritabilidad de un bebé y la envía suavemente a un sueño reconfortante. ¿Quién no está familiarizado con el efecto relajante de los sonidos de la naturaleza, ya sea el gorjeo de los pájaros, el lento hacer gárgaras de un arroyo o el profundo murmullo del río?

Todos estos sonidos tienen un efecto relajante en todos nosotros; podemos decir que la música está en nuestra sangre: ¡no tenemos que aprenderla para disfrutarla! Es la comunicación no verbal más desconcertante que todos entendemos. Entonces, ¿por qué no aprender a usarlo?

La música aleja tu mente de los problemas inmediatos: produce una atmósfera positiva para pensar creativamente, te relaja físicamente además de calmarte mentalmente; produce un entorno favorable. No toda la música puede ser una ayuda útil y relajante para crear una atmósfera más relajada. La música alta y rápida puede no aliviar la tensión de todas las personas. La música tiene que ser del tipo correcto y tiene que ser de tu agrado. Escuche música clásica y música new age; se sabe que son relajantes para la mayoría de nosotros. O puede que le guste escuchar la música, que ha sido creada especialmente para relajarse.

Desde el mercado de alimentos hasta su centro comercial local, los costos están aumentando en todos los ámbitos. Para evitar los márgenes de ganancia en el centro comercial, aproveche al máximo los recursos locales. Visite yardsalesearch.com para encontrar las ventas en su área. También puede visitar freecycle.com. Este es un grupo basado en Internet que conecta a personas que están eliminando cosas con personas que las desean. Todos los artículos se regalan de forma gratuita.

Escriba "freecycle" en un motor de búsqueda o simplemente vaya a www.freecycle.org. No dude en consultar la información en el sitio. Es aquí donde puede aprender sobre los objetivos de free-cycle para lograr que las personas intercambien artículos gra-tuitos mientras mantienen la basura fuera del vertedero.

Deberá escribir su ubicación en el cuadro "Buscar un grupo cerca de usted". Esto mostrará una lista de redes Freecycle cercanas a usted. Haga clic en esa red y se le proporcionará una pequeña des-scripción y un enlace a un grupo de Yahoo. ¡Estás un paso más cerca de las cosas gratis!

Luego haga clic en el enlace que lo dirige a los grupos de Yahoo descubiertos en su página de red. En la página de yahoo, haga clic en "unirse a este grupo". Desde allí, deberá iniciar sesión con una cuenta de correo electrónico de Yahoo. Si no tiene una cuenta de correo electrónico de Yahoo, regístrese para obtener una. ¡También son gratis!

Ahora se ha registrado con éxito en freecycle. Ahora recibirá varios correos electrónicos diarios de miembros que regalan o quieren cosas. También es libre de publicar sus propios deseos u obsequios. Si ve un artículo que le gustaría, responda al correo electrónico de esa persona y programe una recolección. Personalmente, he comprado un juego de palos de golf y juguetes gratuitos para mis hijos. ¡Asombroso!

Como muchos de nosotros intentamos idear formas de volvernos más "ecológicos" o "sostenibles", una de las técnicas más probadas y verdaderas para reducir la producción de carbono es simplemente no comprar nuevos artículos en primer lugar.

Es fácil centrarse en paneles solares, contenedores de compostaje, ventanas de doble panel o climatizar su hogar. Pero si muchos de nosotros nos contentamos con utilizar productos usados, eso por sí solo representaría un gran paso para reducir el agotamiento de nuestros recursos.

CONCLUSIÓN

¿Qué es vivir sencillo? Es aprender a vivir y trabajar de forma sencilla. Es un estilo de vida que nace de un entorno ordenado. Vivir y trabajar solo con lo que amas y necesitas. Está produciendo un ambiente donde todo tiene un hogar, un objetivo, una función. Es decir "sí" a menos y "no" a más. La vida simple es liberarse de nuestra cultura de un poco de muchas cosas, muy poco tiempo.

Aprenda a vivir una vida sin estrés. Todos pasamos por estrés en un momento u otro. Cuidar de sí mismo es una parte crucial de vivir una vida sin estrés. Consuma alimentos saludables, manténgase alejado de las cosas que le causen tensión y ansiedad, duerma bien, realice una actividad física moderada, medite con frecuencia, discuta sus problemas con sus simpatizantes, haga algunos amigos beneficiosos, ríase con frecuencia, haga al menos una buena acción cada día.

Enfrentar el estrés puede ser un desafío. Date un descanso de vez en cuando. Compra un atuendo nuevo, ve al cine o haz algo que siempre hayas deseado hacer. Disfrute de su pasatiempo favorito. Si no tiene uno, intente desarrollar uno. No se preocupe por las pequeñas cosas. Si las cosas no van según lo planeado, aprenda a tomárselo con calma. Así es la vida. Aprenda el arte de aceptar lo inevitable.

Trate de adquirir una actitud de "perdonar y olvidar". No guardes amargura en tu corazón. Perdona a quienes te han hecho daño en el pasado. Compensar. Discúlpate con aquellos a quienes has lastimado. Recuerde, vivir una vida sin estrés es un arte, hay que trabajar en él constantemente.

Como recurso final a continuación, te dejo un link donde vas a explorar la mente humana y como podemos utilizarla para lograr nuestros objetivos, "No te Creas Todo lo que Piensas". https://go.hotmart.com/C44434433P

En este otro enlace "Encuéntrate con tu mejor versión" curso para todos aquellos interesados en encontrar su real vocación, es un viaje personal de transformación y descubrimiento, adelante! https://go.hotmart.com/T44434541K

Y este tercer link "¡AUTO CONFIANZA!" donde Aprenderá a desarrollar una confianza imparable que puede ayudarlo a escalar y superar cualquier tipo de dificultad u obstáculo. https://go.hotmart.com/J44434822V